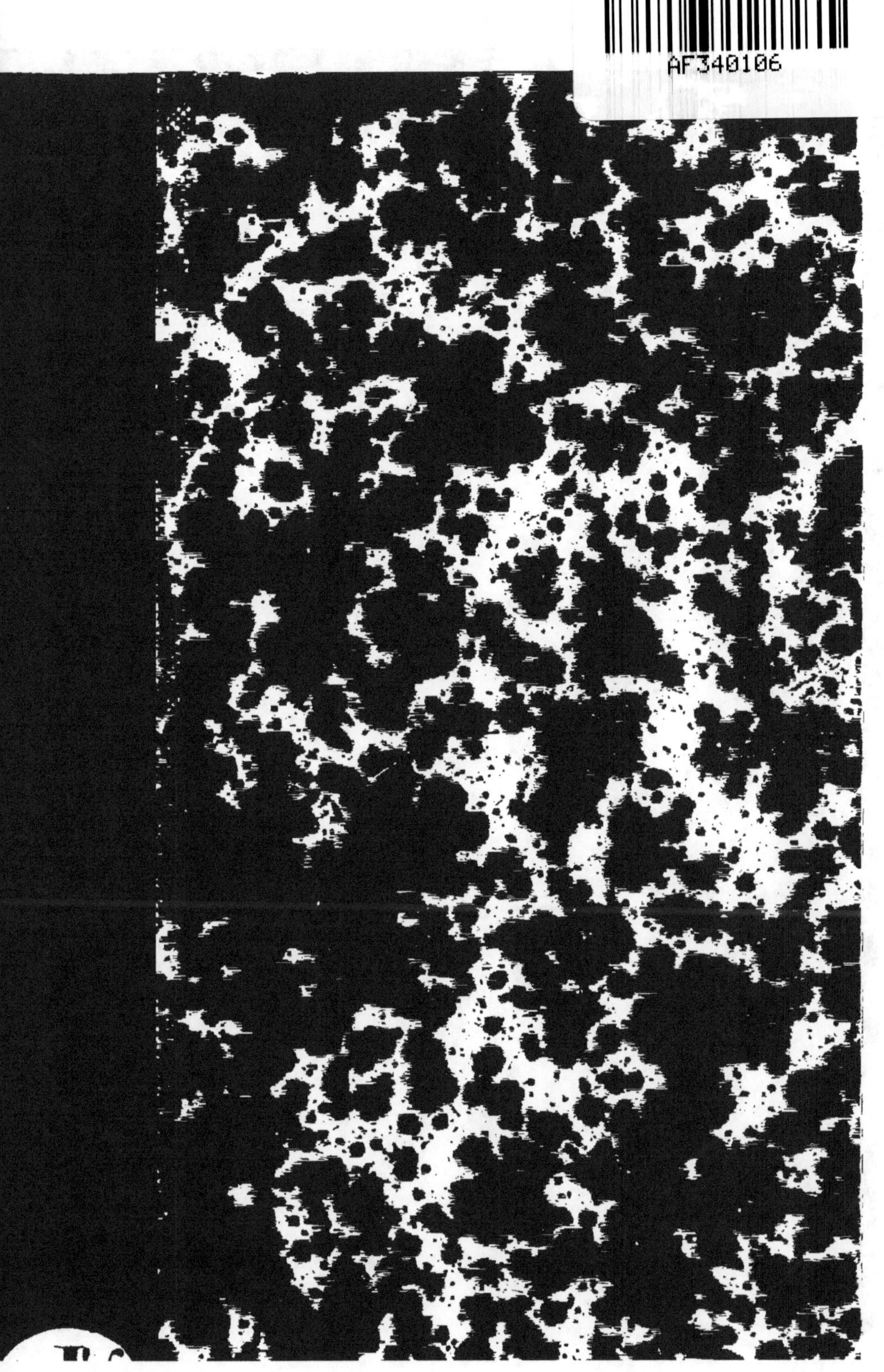

QUELQUES IDÉES

SUR LE

PROJET DE CONSTITUTION.

Par Félix CHEVRIER-CORCELLES,

Conseiller - Auditeur à la Cour Impériale de Lyon.

Mai 1815.

QUELQUES IDÉES

SUR LE

PROJET DE CONSTITUTION.

Un grand acte est soumis à l'acceptation des Français. Cet acte constitutif de l'Etat va fixer les relations civiles de tous, les droits et les devoirs de chacun. Il sera l'origine et à la fois la mesure de toute puissance légitime. Au delà des bornes qu'il aura prescrites, il n'y aura qu'abus, violence, destruction du lien social ; quelle importance, quelle solennité dans ses stipulations ! ce ne serait pas trop d'un dieu pour les révéler (1).

Cet acte obligatoire pour tous, doit être consenti par tous ; mais une nombreuse agrégation d'hommes ne peut en discuter les détails, encore moins peut-elle en rejeter l'ensemble (2).

C'est donc aux sages qui le préparent dans

---

(1) Les Législateurs anciens avaient grand soin d'imposer à leurs travaux le cachet de la divinité.
(2) Le pis serait de n'en point avoir.

le silence des méditations, à s'entourer de grandes lumières, comme ils sont investis d'une grande confiance. Peut-être aussi est-ce à tout homme qui croit avoir une pensée utile, de la déposer à leurs pieds ; si l'on ne voit là une obligation, au moins y reconnaîtra-t-on un droit, et je pense qu'en mal user même n'est point un mal.

Je considère trois choses dans toute constitution :

1.º L'exposition des principes généraux qui sont la base et l'objet du pacte ;

2.º La distribution et la pondération des pouvoirs ;

3.º Les institutions qui doivent prévenir le relâchement et les empiétations.

Toutes trois sont utiles ; il faut que chacun puisse dire de leur ensemble : « Voilà » ce que je veux, voilà ce que j'obtiens, » voilà ce qui m'est assuré. » Mais toutes trois ne sont pas d'une égale importance, et pour en juger, ce serait un mauvais moyen que de s'arrêter à la place qu'elles occupent d'ordinaire.

La première n'est en quelque sorte qu'une table de chapitres, bonne comme déclarative des droits, mais tout-à-fait stérile dans ses effets ; elle ne serait rien sans la seconde qui en est l'application , et toutes deux seraient peu de chose sans la troisième qui garantit l'inviolabilité de l'une et de l'autre.

Cette dernière partie , la plus essentielle , la plus difficile , presque toujours la plus négligée , a été de tout temps la pierre de touche et trop souvent l'écueil des législateurs. Elle exige une rare capacité et un éloignement plus rare encore de toutes vues personnelles , une profonde connaissance du cœur humain, et une force qui lui soit supérieure. Elle est toute de précaution et paraît d'abord un hors d'œuvre à l'égard des deux autres dont elle est pourtant le soutien. Elle cimente les masses de l'édifice social , et seule en fait un monument durable; malheur au peuple chez lequel on peut y toucher arbitrairement sans un ébranlement général , ce peuple s'il n'est asservi le sera bientôt. Par elle enfin la constitution est moins faite pour le peuple , que le peuple pour la constitution , ce qui explique suffisamment le triomphe des législations anciennes (1), et pourquoi, chez nous, la bonne ne peut être que la moins mauvaise.

---

(1) Particulièrement celle des Hébreux et celle de Lycurgue.

§. I.er

PREMIÈRE PARTIE.

L'égalité des droits, la sureté des personnes et des propriétés, la liberté individuelle, la tolérance des cultes, sont des principes de théorie sur lesquels on est assez généralement d'accord : l'homme qui a le plus d'envie de les enfreindre est aussi le moins tenté de les contester. Passons à l'application : ici il faut partir d'un point fixe et lier ses idées.

§. II.

SECONDE PARTIE.

La souveraineté réside dans la Nation. Un grand peuple doit en déléguer l'exercice, plusieurs millions d'hommes ne peuvent délibérer (1).

Il y aura donc dans l'Etat une première autorité *déléguée* par le peuple ; cette autorité ne pourra réagir sur le peuple que par voie générale, par des dispositions législatives : tout acte personnel à tels individus, ne serait plus un acte de souveraineté du peuple sur lui-même, ce serait un acte d'oppression d'une partie du peuple sur l'autre.

____

(1) Si ce n'est dans un état fédératif.

Mais les lois, générales dans ce qu'elles disposent, se particularisent par leur application ; de là l'*institution* d'une seconde autorité essentiellement subordonnée à l'autorité législative.

Cette seconde autorité est la magistrature ; elle est administrative ou judiciaire : administrative, quand elle dirige les relations de l'Etat avec les citoyens ; judiciaire, quand elle règle celles des citoyens entre eux.

La magistrature administrative doit, par la nature même de ses attributions, agir avec force et célérité ; il convient de la concentrer entre les mains d'un magistrat unique, auquel on peut, par une parité de motifs, confier encore tout ce qu'il y a d'honorifique et d'actif dans les relations de l'Etat, considéré comme puissance, avec les autres nations. Ainsi, non-seulement l'administration intérieure, mais encore le droit d'ambassade, l'exécution des traités, la direction des forces de terre et de mer, seront l'apanage du trône dont ils accroîtront la splendeur : le droit de créer des subsides, celui de lever des troupes, la fixation de leur nombre en paix comme en guerre, et surtout ce droit de paix et de guerre, si important dans l'intérêt du peuple, resteront essentiellement à la première autorité, l'autorité déléguée ou représentative (1).

Il est difficile que, dans un grand état, cette magistrature ne soit pas héréditaire. La non hérédité présente quelques avantages, et beaucoup d'inconvéniens (2).

La magistrature judiciaire a une marche plus lente ; l'équité est son caractère. Elle peut être divisée ; elle doit être indépendante et sans aucune acception de personnes, par conséquent inamovible.

Ces deux magistratures ont cela de commun, qu'elles exécutent ce qu'a prescrit le pouvoir législatif. Il serait convenable que tout acte émané de l'une ou de l'autre fût expressément basé sur une loi.

Mais qui fera la loi ? quelle sera la forme de la délégation consentie par le peuple ?

L'idée qui s'offre d'abord à l'esprit est que les délégués doivent être animés de la volonté la plus conforme possible à celle du

ART. 51 du projet.

---

(1) Evitons l'esprit de conquêtes, il a perdu Sparte et perdra bien d'autres Etats. La position géographique de l'Angleterre peut rendre le droit de subsides suffisant pour contenir l'ambition du prince.

(2) Cette grande question de l'hérédité du trône, a été traitée mille fois ; elle ne peut guère l'être qu'inutilement comme beaucoup d'autres.

peuple qu'ils représentent. Pour cela il faut nécessairement que la représentation soit nombreuse , qu'elle soit prise dans le peuple Art. 8, 27 et suivans. et choisie par lui. Aucune classe du peuple ne doit avoir une représentation parti- Art. 33 du projet. culière ; les nuances d'intérêts et de volontés s'établiront d'elles-mêmes dans le corps délégué , avec la plus juste proportion.

La vivacité des conceptions , l'énergie à les propager , à les défendre doivent constituer le caractère de ce corps ; la jeunesse n'y est pas déplacée (1).

Il est des gens sans volonté comme sans intérêt relativement à la chose publique : leur exclusion est fondée ; la mesure ne peut en être que dans la propriété.

Dans le sens inverse celui de tous les citoyens qui, sans aucune comparaison , a le plus d'intérêt à la prospérité publique, et qui doit dans sa recherche être animé du désir le plus actif, est certainement le premier magistrat ; ses prérogatives l'identifient à l'état : sous ce point de vue il convient de lui donner une part immense à la représentation générale ,

---

(1) J'exigerais néanmoins 3o ans au lieu de 25 fixés par le projet. Si la circonspection a ses inconvéniens , l'irréflexion a ses dangers.

et ce n'est pas trop de le considérer lui seul comme un second corps représentatif.

Si ces deux puissances, je veux dire la représentation choisie par le peuple et le prince, entendaient toujours bien leurs intérêts, elles seraient constamment d'accord, et il ne faut pas beaucoup d'efforts pour apercevoir que le même principe les rendrait inutiles. Mais il est probable que l'une s'abandonnera plus aux impressions du moment, l'autre plus aux calculs de l'avenir; plusieurs causes les placeront dans un état habituel d'opposition. Or, leurs forces relatives ne pouvant rester les mêmes, il arrivera, que sous les princes forts la constitution sera sourdement altérée, que sous les faibles elle courra risque d'être renversée d'un seul coup (1).

Pour maintenir l'équilibre, un troisième corps devient indispensable. Il faut à celui-ci une grande force d'inertie, il doit s'attacher moins à faire le bien qu'à empêcher le mal : la maturité, la persévérance formeront son caractère. De là, la nécessité d'en exclure les jeunes gens (2); de là encore, l'inamovibilité de ses membres dont le nom-

Art. 2 du projet.

Art. 3 du projet.

Art. 4 du projet.

---

(1) Les exemples ne sont pas loin.
(2) J'en éloignerais tout homme avant 40 ans.

bre doit être limité ; autrement le Corps tendrait à se restreindre et à recevoir par la concentration une trop grande activité (1).

Ces précautions suffisent ; je suis loin de penser qu'il faille aller jusqu'à l'hérédité. Mon premier motif part du besoin de respecter le droit sacré d'égalité de naissance, ce patrimoine de la nature auquel nulle convention humaine ne doit déroger (2).

Art. 3 du projet.

Pourquoi le sénat ne remplirait-il pas le double but d'assurer la stabilité de l'état et de récompenser, en les admettant dans son sein, les citoyens d'une vertu recommandable ? Gardons-nous de concéder d'avance un droit qui peut devenir le prix d'un utile dévouement, et de tarir la plus belle source des vertus publiques.

Je ne parle pas, dans un autre ordre de choses, des basses jalousies, des mépris ridicules, des haines, de tous les sentimens avilissans que traîne à sa suite un privilége héréditaire. Des distinctions méritées au contraire ne font naître que le respect. Montesquieu ne s'occupait pas d'un gouverne-

____

(1) Le contraire arrivera quand les nominations appartiendront au Monarque.

(2) Si ce n'est dans le cas d'hérédité au trône, auquel il faut borner l'exception.

ment constitutionnel quand il supposait la nécessité d'une noblesse héréditaire : il la présentait comme remède à un mal que nous attaquons dans sa source par l'équilibre des pouvoirs (1).

Le choix des membres appartiendra au

ART. 4 du projet. corps. Cette maxime peut seule y maintenir une marche indépendante et constamment dirigée vers le but de l'institution. Je ne vois qu'un moyen de perpétuer l'esprit d'un corps , c'est que cet esprit même préside à l'appel des candidats.

En généralisant ce principe , je l'appli-

ART. 51 du projet. querai aux tribunaux dont il assurera la bonne composition et l'indépendance ; ce sera pour le chef de l'état une assez belle prérogative que celle de nommer sur la présentation.

On sent bien qu'il en est tout autrement du premier corps représentatif , qui ne doit pas avoir un esprit à lui , mais dont les volontés doivent se retremper le plus sou-

ART. 13 du projet. vent possible dans l'esprit de ses commettans.

Par la même raison je voudrais que les

----

(1) Ce grand homme me paraît tomber quelquefois dans la faute si commune de juger par ce qui est , ce qui doit être.

présidens des deux chambres , et ceux des Art. 5, 9, 29 du projet. colléges électoraux fussent choisis dans le sein de ces assemblées, par elles, au scrutin et sans condition. Il est de la dernière importance que tout corps constitué soit abandonné à son mouvement propre , qu'il soit soustrait à toute influence étrangère : si vous voulez lui imposer un frein, que ce soit en dehors , jamais en dedans , autrement vous renverserez d'une main ce que vous aurez édifié de l'autre.

Voilà le corps social organisé ; il peut vouloir , il peut agir ; mais il faut prévenir les maladies : c'est ici que commence l'empire de la prévoyance.

§. III.

La première chose à faire est de prévoir Troisième Partie. que l'on peut changer. Là , plus qu'ailleurs , le mieux est l'ennemi du bien ; mais comme on ne saurait se l'interdire, il est bon d'en régler l'usage (1). Il faut donc prescrire des formes pour toute innovation ; si vous ne le faites, ces formes seront à la disposition du premier novateur, qui choisira son temps et

____

(1) Cette disposition manque dans le projet.

saura aplanir les voies ; elles doivent être solennelles , hérissées de lenteurs , de difficultés même : que prévoir soit ici presque synonyme de prohiber.

Le plus sûr garant de la constitution est dans l'esprit public ; j'appelle ainsi l'association des opinions particulières à la marche du gouvernement. Je ne connais que deux moyens de créer un esprit public : la liberté de la presse et un bon système d'éducation ; tous deux doivent y concourir , tous deux doivent être réglés dans le pacte social dont ils sont le plus ferme appui (1).

La faculté d'émettre librement sa pensée , est le plus bel apanage de l'homme civilisé ; mais ce n'est plus sous ce point de vue que je l'examine , c'est uniquement quant à ses effets. Heureux de trouver dans le plus sacré des droits l'institution la plus utile. Ici je ne puis résister au désir de développer mes idées.

Tout le monde rend hommage au principe de la liberté de la presse ; mais on parle beaucoup de ses abus , et l'on en conclut d'ordinaire la nécessité de la restreindre par la censure , qui la détruit en effet.

Art. 64 du projet.

____

(1) Le projet ne parle pas de l'éducation.

Plus j'y réfléchis , plus je me convaincs que les abus de cette liberté ne diffèrent point par leur nature de tous ceux qui dérivent en nous d'un emploi quelconque de nos facultés, contraire à l'intérêt général ou particulier. Il est donc sage et conséquent de déterminer ces abus par des dispositions législatives, et d'en confier la repression aux tribunaux. La mesure en sera , comme pour tous les autres crimes ou délits , dans l'utilité générale ou particulière. Ainsi le bien général veut que le gouvernement soit stable , que les grandes maximes d'une saine morale soient respectées , que la pureté des mœurs soit maintenue : les libelles factieux , les doctrines perverses , les écrits immoraux seront prohibés. L'utilité particulière est lésée par la manifestation de faits injurieux , faux ou non antérieurement (1) et légalement établis : toute imputation calomnieuse sera sévèrement punie.

Les abus écartés , reste l'utilité de l'institution.

---

(1) Je ne permettrais la preuve postérieure des faits , que dans le cas d'une légitime défense de ses droits devant les Tribunaux.

Bien des gens se demandent, avec une sorte d'effroi, s'il est bon que les esprits soient habituellement dirigés vers les grands objets d'administration ; que les citoyens de tous ordres s'associent par leurs calculs, leurs méditations, leurs discours, aux opérations du gouvernement ; en un mot, que la connaissance des matières d'intérêt public soit popularisée. Ne résultera-t-il pas de là une force d'opinion, une puissance morale dans l'état qui pourra quelquefois contrarier, maîtriser l'autorité ? Ces idées usurpent un grand empire sur les esprits timides ; ils redoutent l'exercice d'un droit fatal à la tranquillité publique, et ne savent pas y apercevoir sa plus sûre garantie.

Point de doute qu'une grande liberté ne multiplie d'une manière prodigieuse les écrits sur les objets d'ordre public ; mais cette multiplicité même ôtera à ces écrits toute leur force individuelle, la seule dangereuse ; il ne leur restera qu'une force collective, résultat du choc de tous les argumens, résumé général dans lequel toutes les considérations particulières, réciproquement neutralisées, ne laisseront surnager que l'utile et le vrai.

Le peuple n'appelle point les révolutions,

elles pèsent trop cruellement sur lui ; mais sa voix peut amener d'heureuses et progressives améliorations. Les grands bouleversemens sont l'ouvrage de quelques factieux qui égarent la multitude en mettant leur ambition à la place de ses vœux, ou ils sont la suite de ces mêmes vœux trop comprimés. Une grande publicité dans les opinions fera disparaître l'un et l'autre de ces dangers.

Le peuple que l'on veut détourner de la contemplation des objets d'intérêt public s'en occupe moins ; mais il s'en occupe encore, et c'est la partie la moins saine du peuple qui s'en occupe. Des esprits bouillans ennemis de tout frein, des cœurs sourdement envieux, des ames ulcérées répandent avec amertume et dans l'ombre des doctrines empestées ; quelques reproches spécieux, fondés même, s'y réunissent et les fortifient. Toutes ces semences germent secrètement et fructifient d'autant mieux que la vérité s'y trouve mêlée à l'erreur ; la discussion, creuset de la pensée, ne saurait épurer ce qu'on a retranché de son domaine. Un peu de persécution vient donner au mécontentement l'esprit de secte et le pousser à toute son énergie ; l'orage éclate alors, il n'est plus temps de le conjurer.

Quelle vigueur au contraire n'emprunte pas l'autorité de ce concours de toutes les pensées, de toutes les volontés, de toutes les craintes, de toutes les espérances, qui, en s'associant à sa marche, identifie le gouvernement à l'état, donne à celui-ci toute sa force, à celui-là toute sa stabilité !

Laissons publier tout ce qui ne touche pas immédiatement au repos, au bien public ou à l'intérêt privé : on dira beaucoup de sottises ; qu'importe ? ces sottises seront bien réfutées ; on en dirait de bien plus funestes par des écrits clandestins. Des ouvrages lumineux, conçus sous une sage influence, un bon sytème d'éducation pourront devenir de merveilleux préservatifs ; et c'est ainsi que se lie à la première, cette nouvelle institution, que je regarde comme le second boulevart de la liberté publique.

Les anciens avaient bien senti toute l'importance de l'éducation. Il faut voir de quels soins ils l'entouraient. Lycurgue en fit le principal objet de ses lois, et Platon s'en occupe presque exclusivement dans sa république.

Nos mœurs nous placent bien loin de cette perfection ; nous efforcer inconsidérément de l'atteindre, serait nous exposer à de misérables parodies dont nous avons fait déjà de tristes essais. Ne soyons ni Spartiates ni Romains, mais Français ; point de métamorphose, contentons - nous d'améliorations.

Que l'étude des sciences et des arts s'allie à celle de nos institutions ; que l'enfance porte ses premiers regards sur nos faits historiques ; qu'elle puise ses premières émotions dans la contemplation des vertus nationales ; que les méditations de la jeunesse soient dirigées sur la garantie de nos droits civils et politiques ; que la pratique sur-tout se joigne à l'enseignement ; que les forces physiques, soumises à des exercices réguliers, se développent en même temps que les facultés morales ; que l'éducation soit publique, uniforme : elle a le même but pour tous, pour tous elle doit avoir les mêmes moyens (1).

Tout ceci ne saurait être abandonné à une police ministérielle, sous peine de prendre une autre direction.

J'arrive à des dispositions de détail, que l'on peut indéfiniment multiplier.

____

(1) Celle du prince doit être dirigée dans le même esprit. C'est là un point important.

Il faut bien se garder de cumuler les pouvoirs que la constitution sépare (1). Comme les ministres ont une grande part à l'exercice de la première magistrature, ils doivent être exclus de la représentation dans les deux chambres. Ne serait-ce pas une inconséquence de voir un ministre venir proposer une loi, et voter ensuite pour son admission ?

Je vais plus loin pour la chambre des députés, que je regarde comme le sanctuaire de la représentation. Je voudrais qu'aucun de ses membres ne pût être appelé à de nouvelles fonctions, ni recevoir de décorations ou de récompenses quelconques pendant le cours de sa délégation, ni dans l'année qui en suivra le terme.

Que toute distinction soit purement honorifique et non héréditaire ; autrement vous n'aurez que des gens qui vendront l'état au lieu de le servir, et d'autres qui se trouveront au-dessus du besoin de lui être utile (2).

Tout privilége réel ; toute inaliénabilité

---

(1) A l'élection du doge de Venise, sa famille était obligée de quitter le sénat.

(2) Ce que j'ai dit de la chambre des Pairs, s'applique ici à bien plus forte raison.

de patrimoine offre une bigarrure dans notre législation , une altération sensible de
nos droits successifs , et peut devenir , dans
le cas de prêt d'argent , une infraction à celui
de propriété.

Je considère le droit de pétition individuelle comme un complément utile à la représentation : rien ne doit en paralyser l'exercice. Art. 63 du projet.

La responsabilité des ministres est une
chose admirable ; sans atténuer la majesté
du trône , elle assure l'exécution des lois.
Il ne faut la soumettre ni à des conditions
qui la rendent illusoire , ni à des formes
qui la rendent arbitraire (1). Art. 42 du projet.

La publicité des délibérations et de l'émission des votes sont des institutions entièrement dans la nature d'une constitution représentative ; en est-il de même de la faculté Art. 21 du projet.
concédée au chef du gouvernement de dissoudre la chambre des députés ? Sans approfondir une question délicate , il me paraît
qu'en France la mobilité des esprits rend
cette concession nécessaire à la sureté du
prince : mais que la forme de la dissolution

----

(1) La responsabilité arbitraire appliquée aux commandans d'armées, me paraît aussi impolitique qu'injuste.

ne soit autre que la notification du décret qui convoque dans le mois les nouvelles assemblées électorales (1). Quelquefois l'ajournement pourra suffire. Dans tous les cas , l'impôt voté pour une année ne saurait s'étendre à l'autre ; vous auriez une dissolution toutes les fois que l'on craindrait la diminution des subsides.

Art. 21 , 34 du projet.

Dans les deux chambres , je ne conçois de justes limites à la discussion que celles que peut y apporter la volonté de l'assemblée. Toute autre restriction me semble un obstacle à la liberté du vote , dont il est plus aisé de deviner le motif que d'apercevoir la raison.

Art. 26 du projet.

Art. 67 du projet.

Je ne vois dans le dernier article du projet qu'une limitation de mandat ; toute interprétation différente serait dérisoire ; une nation ne peut pas , serait - ce même pour sa plus grande utilité , s'engager vis-à-vis d'elle-même.

Je ne dis rien du droit odieux de confiscation ; les faits parlent assez.

Je termine par une observation sur la forme de l'acte constitutionnel. Je voudrais

---

(1) Alors on peut regarder la dissolution comme un appel au peuple.

que cet acte fût unique ; que les bases de la sociabilité ne fussent pas disséminées. Pourquoi imposer au citoyen qui veut lire ses droits dans la constitution, la nécessité de résoudre d'abord cette difficulté : où est la constitution ?

Je me disposais à revoir et à compléter cet essai trop rapide sur le projet soumis à l'acceptation du peuple, lorsque j'ai appris que ce projet allait recevoir une exécution anticipée....... La plume m'est échappée ; j'ai senti que parler plus tard ne serait rien dire, et que dire peu était dire assez.

A LYON, de l'Imprimerie de J. B. KINDELEM, rue et vis-à-vis l'Archevêché.

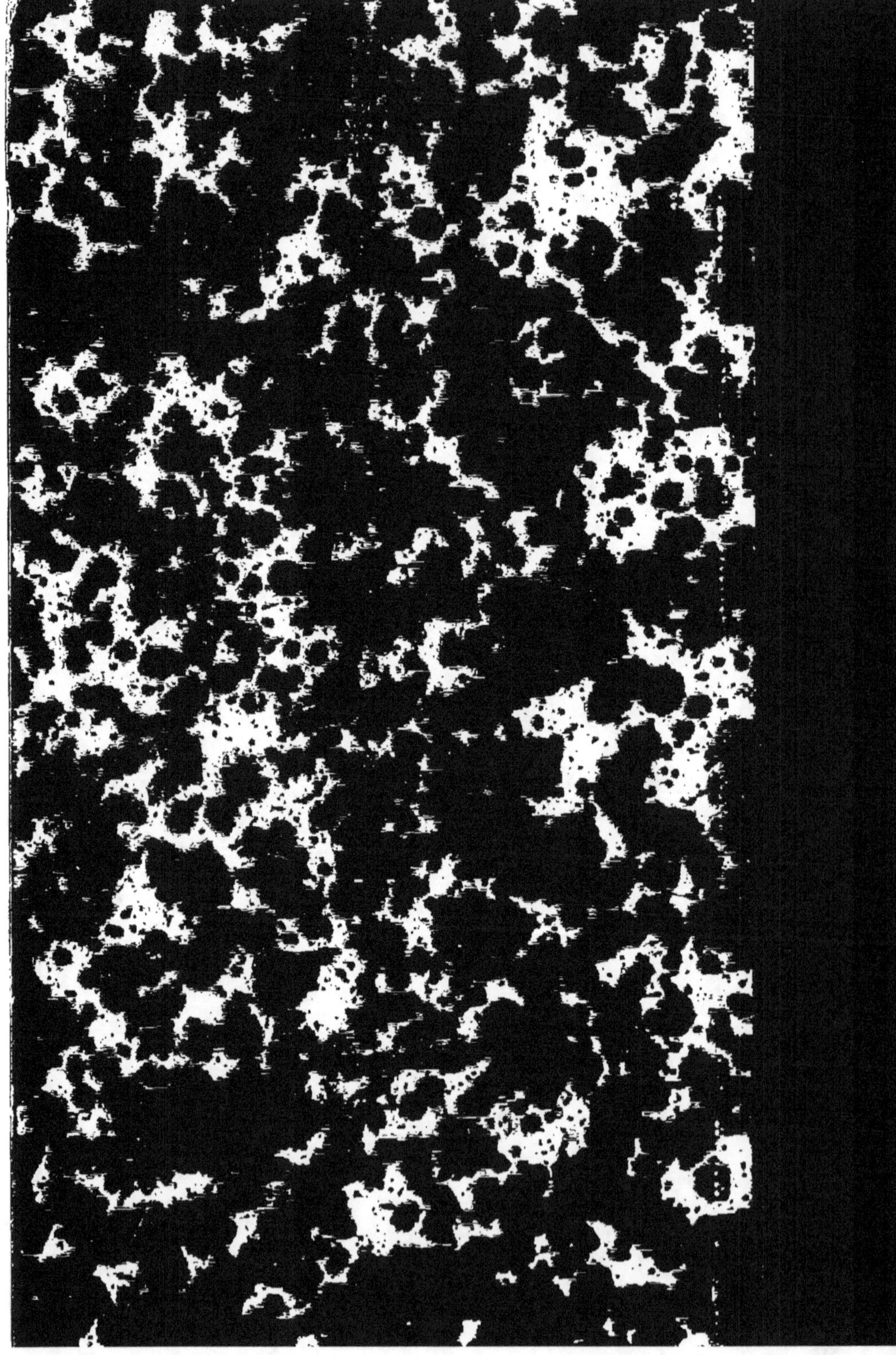